天然の色を編む

ソノモノ
コモノ

文化出版局

contents

- 4 ふわもこミトン
- 6 ロングスヌード
- 8 丸ヨーク風ネックウォーマー
- 9 ジグザグのつけ衿
- 10 Tストラップのルームシューズ
- 12 モチーフつなぎのバッグ
- 14 リバーシブルの円座
- 16 レース柄のストール
- 18 耳当てつき帽子
- 20 毛糸のパンツ
- 21 玉編みのミトン
- 22 リブ編みのバラクラバ
- 24 ラウンドストール
- 26 かぎ針アランのベレー
- 28 タック入りミニショール
- 30 透し編みの靴下
- 32 カーディガン風ストール
- 34 格子柄の帽子
- 35 アイスランド風編込み帽子
- 36 2wayミニトート
- 38 ルームブーツ

- 40 この本で使用した糸
- 41 編みものの基礎
- 48 作品の編み方

ふわもこミトン   see page 48

真冬の外仕事に出番の多いミトンは、糸の風合いを生かしてぬくぬく手を包み込もう。難しいことなしで編めるのもうれしい。

yarn｜ソノモノ アルパカブークレ、ソノモノ アルパカウール《並太》
designer｜舩越智美

ロングスヌード　　see page 50

さらっとかけてアクセント、2重巻きでコンパクトに、フードのようにかぶって寒さをしのぐこともできる、すぐれもの。

yarn｜ソノモノ アルパカウール《中細》
designer｜金子祥子

丸ヨーク風ネックウォーマー　see page 51

色を絞った編込みで、柄がきりっと立ってきます。薄く柔らかく仕上げたウォーマーは重ね着にも最適。コートをはおれば丸ヨークセーターを着ているみたい。

yarn｜ソノモノ アルパカリリー
designer｜blanco

ジグザグのつけ衿　　see page 52

王冠を思わせるエッジワークと繊細な透し模様が印象深いアイテム。シンプルなニットやワンピースに合わせてぐっと秋冬仕様に変身。

yarn｜ソノモノ アルパカウール《並太》
designer｜サイチカ

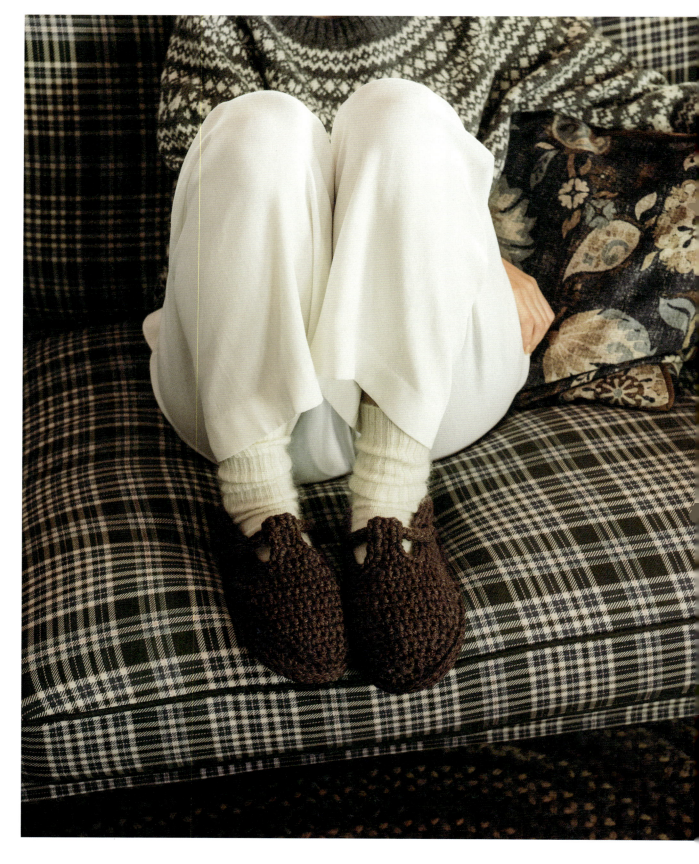

Tストラップのルームシューズ　　see page 54

極太糸の細編みで足をしっかりホールドしてくれる、外ばきのようなデザイン。足底はM、L2サイズ。ボディを先に編んでから、最後にフェルト底とはぎ合わせます。

yarn｜ソノモノ《超極太》
designer｜青木恵理子

モチーフつなぎのバッグ　　see page 56

太さの違う糸で編んだだけの、S、L2サイズ。
天然の毛糸のシックなカラーリングで、甘さ
を抑えた大人っぽさを演出します。

yarn｜S ソノモノ《合太》／L ソノモノ グラン
designer｜Knitting RayRay（レイレイ）

リバーシブルの円座　　see page 53

ブラウン側はもこもこ編み地が座り心地よく、スパイラル状のラインが入ったベージュ側は置くだけで場の雰囲気を作ってくれます。

yarn｜ソノモノ《超極太》
designer｜橋本真由子

レース柄のストール　　see page 58

冬の始まりから終りまでを暖かくおおってくれる、大きめサイズ。連なるボッブルと透し編みで鈴なりのベリーのような模様が浮かび上がります。

yarn｜ソノモノ アルパカウール《並太》
designer｜風工房

耳当てつき帽子　see page 60

毛足の長い糸でふんわり編んだ、異国情緒あふれる帽子。暖かな空気の層に包まれて、冬を存分に満喫したい。

yarn | ソノモノ ヘアリー
designer | 山下ひとなつ

毛糸のパンツ　　see page　62

下半身を温める冷えとり最適アイテム。アルパカウールの肌触りが心地よく、ぽこぽこ模様で締めつけがなく、程よく体にフィットします。

yarn｜ソノモノ アルパカウール《並太》
designer｜河合真弓　knitter｜栗原由美

玉編みのミトン   see page 70

リリアンヤーンの玉編みは、空気を含んでボリューミー。ハート模様が並ぶかわいらしい編み地にスマホ操作もばっちりの指穴つき。

yarn｜ソノモノ アルパカリリー
designer｜しずく堂

リブ編みのバラクラバ　　see page 66

帽子とネックウォーマー、両方の要素を兼ね備えた、冬アイテムの新定番。飾り気のないシンプルさが使い勝手につながって、毎日出番が回ってきます。

yarn｜ソノモノ アルパカウール
designer｜河合真弓　knitter｜関谷幸子

ラウンドストール　see page 71

クラシカルな形に、甘さ控えめのシャープな模様を組み合わせて。半円以上の角度ははおりやすく、身につけたときの柄もきれいに見えます。

yarn｜ソノモノ アルパカウール《並太》
designer｜佐藤文子

かぎ針アランのベレー　see page 74

スノッブなアラン模様をかぎ針編みで。かぶりやすさを意識したコンパクトなサイズ感で、気負わず使えます。

yarn｜ソノモノ《合太》
designer｜今村曜子

タック入りミニショール　see page 76

秋から冬への旅支度。上質なアルパカウールの柔らかさが、さらっとはおったときにもトラディショナルな雰囲気を醸し出します。

yarn｜ソノモノ アルパカウール《並太》
designer｜川路ゆみこ　knitter｜山本智美

透し編みの靴下　see page 68

ぬくもりが足もとからあふれ出て、編みたい心がくすぐられるアイテム。フレンドリーなキャメルか、クラシカルなオフホワイトか。

yarn｜ソノモノ アルパカウール《並太》
designer｜松本恵衣子

カーディガン風ストール   see page 78

変形ストールのアーム部分をひと結び。肩からカーディガンをはおっているようなこなれ感のある着こなしに。いろいろなトップスに合わせやすく、もたつかない。

yarn｜ソノモノ ロイヤルアルパカ
designer｜marshell

格子柄の帽子　　see page 80

カフェオレカラーとチェック柄でほっこりレトロな雰囲気。渡り糸がきつくならないように確かめながら編んで。

yarn｜ソノモノ アルパカウール《並太》
designer｜山下ひとなつ

アイスランド風編込み帽子　　see page 82

冬本番に備えてざくざく編める編込みの帽子。甘よりの太い糸が空気を含んで、軽くて暖か。アウトドアを楽しみたい。

yarn｜ソノモノ グラン
designer｜池上 舞

2wayミニトート see page 84

太めのハンドルで安定感あるフォルムは帆布のトートバッグのよう。ショルダーストラップはお散歩にとっても便利です。

yarn｜ソノモノ アルパカウール
designer｜青木恵理子

ルームブーツ　　see page 86

足首までしっかり温めてくれて、脱げにくいブーツタイプ。休日のくつろぎタイムに、足もとから安らぎを。足底はM、L2サイズ。

yarn｜ソノモノ アルパカウール
designer｜今村曜子

この本で使用した糸

ソノモノ アルパカウール
ウール60％、アルパカ40％
40g玉巻（約60m）

ソノモノ《超極太》
ウール100％
40g玉巻（約40m）

ソノモノ アルパカリリー
ウール80％、アルパカ20％
40g玉巻（約120m）

ソノモノ アルパカウール《並太》
ウール60％、アルパカ40％
40g玉巻（約92m）

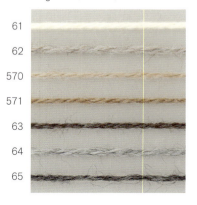

ソノモノ《合太》
ウール100％
40g玉巻（約120m）

ソノモノ ロイヤルアルパカ
アルパカ100％（ロイヤルベビーアルパカ使用）
25g玉巻（約105m）

ソノモノ グラン
ウール80％、アルパカ20％
50g玉巻（約50m）

ソノモノ アルパカブークレ
ウール80％、アルパカ20％
40g玉巻（約76m）

ソノモノ アルパカウール《中細》
ウール60％、アルパカ40％
40g玉巻（約180m）

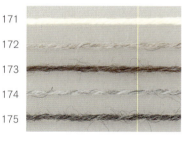

ソノモノ ヘアリー
アルパカ75％、ウール25％
25g玉巻（約125m）

毛糸に関するお問合せ先
ハマナカ
http://www.hamanaka.co.jp
商品情報は、2024年8月現在のものです。

編みものの基礎

［棒針編みの基礎］

この本の図の見方

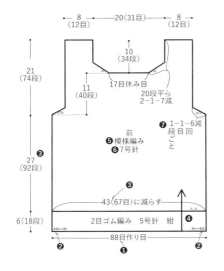

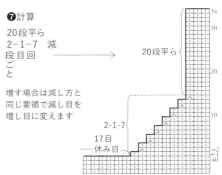

記号図で表わした場合

- ❶ 編始め位置
- ❷ ゴム編みの端目の記号
- ❸ 寸法(cm)
- ❹ 編む方向
- ❺ 編み地
- ❻ 使う針
- ❼ 計算

増す場合は減し方と同じ要領で減し目を増し目に変えます

作り目

指に糸をかける方法

1 糸端から編み幅の約3倍の長さところに輪を作り、棒針をそろえて輪の中に通す

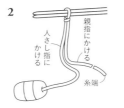

2 輪を引き締める。1目の出来上り

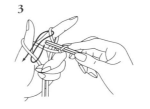

3 糸玉側を左手の人さし指に、糸端側を親指にかけ、右手は輪を押さえながら棒針を持つ。指にかかっている糸を矢印のようにすくう

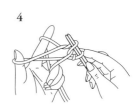

4 すくい終わったところ

5 親指にかかっている糸をはずし、その下側をかけ直しながら結び目を締める

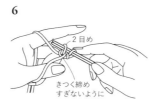

6 親指と人さし指を最初の形にする。3〜6を繰り返す

7 必要目数を作る。これを表目1段と数える

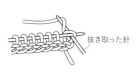

8 2本の棒針の1本を抜き、糸のある側から2段めを編む

編み目記号　編み目記号は編み地の表側から見た操作記号です。
　　　　　　かけ目、巻き目、すべり目を除き、1段下にその編み目ができます

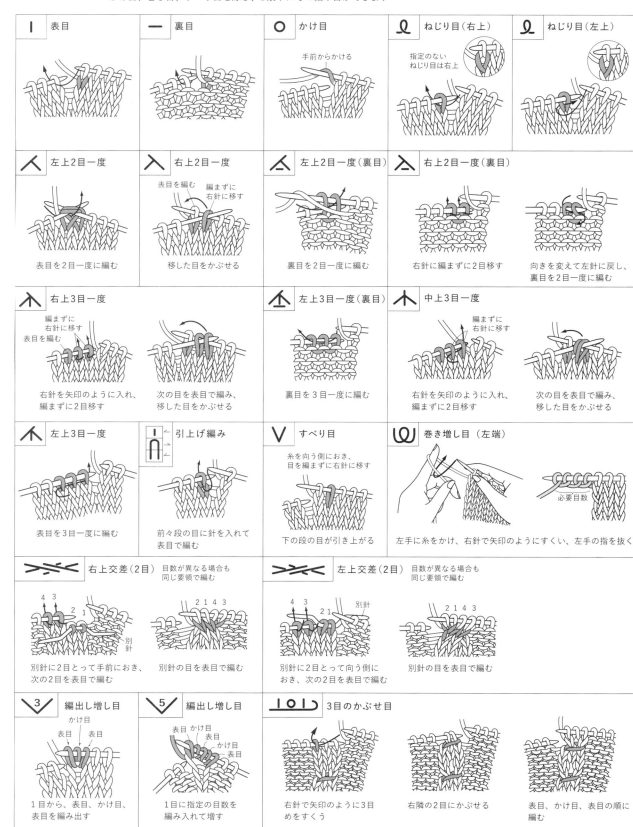

右端で増す場合			左端で増す場合		

目と目の間に渡った糸を右針ですくい、左針に移す	右針を矢印のように入れる	表目を編む。1目増えた	目と目の間に渡った糸を左針ですくう	右針を矢印のように入れる	表目を編む。1目増えた

編込み

糸を横に渡す編込み

1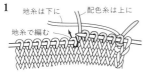
配色糸の編始めは結び玉を作って右針に通してから編むと目がゆるまない。結び玉は次の段でほどく

2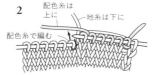
裏に渡す糸は編み地が自然におさまるように渡し、引きすぎないようにする

裏に渡す糸が長くなるとき

1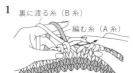
編む糸（A糸）を上にして編む

2
2～3目ごとに裏に渡る糸（B糸）を上にしてA糸で編む

目の止め方

● 伏止め

1
端の2目を表目で編み、1目めを2目めにかぶせる

2
表目を編み、かぶせることを繰り返す

3
最後の目は引き抜いて糸を締める

● 伏止め（裏目）

1
端の2目を裏目で編み、1目めを2目めにかぶせる

2
裏目を編み、かぶせることを繰り返す

3
最後の目は引き抜いて糸を締める

1目ゴム編み止め（輪編み）

1
1の目を飛ばして2の目の手前から針を入れて抜き、1の目に戻って手前から針を入れ、3の目に出す

2
2の目に戻って向うから4の目の手前から針を入れる。以降、表目どうし、裏目どうしに針を入れる

3
編終り側の表目に手前から針を入れ、1の目に針を出す

4
編終りの裏目に向うから針を入れ、ゴム編み止めをした糸をくぐってさらに2の裏目に抜く

5
止め終わったところ

とじ・はぎ

すくいとじ
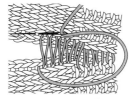
1目めと2目めの間の渡り糸を1段ずつ交互にすくう

目と段のはぎ

1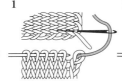
下の端の目から針を出し、上の段は端の目と2目めの間の横糸をすくっていく

2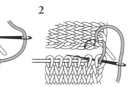
下の端の目に戻り、メリヤスはぎの要領で針を入れる

3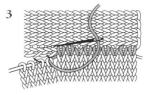
はぎ合わせる目数より段数が多い場合は、ところどころで1目に対して2段すくい、均等にはぐ

メリヤスはぎ（伏止めしている場合）
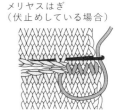
メリヤス目を作りながらはぎ合わせる。表を見ながら右から左へはぎ進む

引返し編み

◎左側

1
引返し編みの手前まで編む

2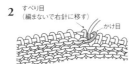
編み地を持ち替えて、かけ目、すべり目をし、続けて裏目を編む

3
編み残しながら繰り返す

◎右側
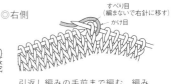
引返し編みの手前まで編む。編み地を持ち替えて、かけ目、すべり目をし、続けて表目を編む

段消し
引返し編みが終わったら、かけ目の処理をしながら1段編む。これを段消しという。

◎左側 すべり目を表目で編み、かけ目と次の目を2目一度に編む

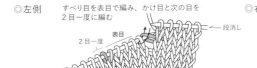

◎右側 かけ目と手前の目を2目一度に編み、すべり目を表目で編む

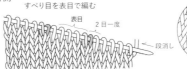

[かぎ針編みの基礎]

鎖の作り目

1
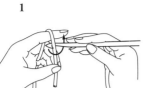
左手にかけた糸に針を内側から入れて糸をねじる

2
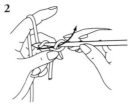
人さし指にかかっている糸を針にかけて引き出す

3

針に糸ををかけて引き出す

4
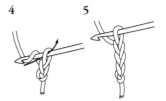
繰り返して必要目数編む

5

鎖状になっているほうを下に向け、鎖半目と裏山に針を入れる

作り目からの拾い目は鎖半目と裏山に針を入れる。作り目の反対側を拾うときは、残った鎖半目を拾う

輪の作り目

1
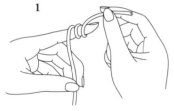
指に2回巻く

2

糸端を手前にして、輪の中から糸を引き出す

3
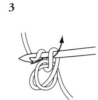
1目編む。この目は立上りの目の数に入れる

4

5

輪の中に針を入れて1段めを必要目数編む

6

1段めを編み入れたら糸端を少し引っ張り小さくなったほうの輪を引いて、さらに糸端を引き、輪を引き締める

7
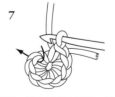
最後の引抜き編みは最初の目の頭2本に針を入れる

8

1段めが編めたところ

輪の作り目（鎖目）

1
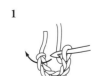
鎖編みを必要目数編み、1目めの鎖半目と裏山に針を入れる

2
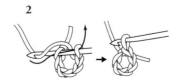
針に糸をかけて引き出す（最後の引抜き編み）

44

編み目記号

記号	名称	説明
○	鎖編み	いちばん基本になる編み方で、作り目や立上りに使う
×	細編み	立上りに鎖1目の高さを持つ編み目。針にかかっている2本のループを一度に引き抜く
T	中長編み	立上りに鎖2目の高さを持つ編み目。針に1回糸をかけ、針にかかっている3本のループを一度に引き抜く
T	長編み	立上りに鎖3目の高さを持つ編み目。針に1回糸をかけ、針にかかっているループを2本ずつ2回で引き抜く
T (with slashes)	長々編み	立上りに鎖4目の高さを持つ編み目。針に2回糸をかけ、針にかかっているループを2本ずつ3回で引き抜く
●	引抜き編み	編み目の頭に針を入れ、糸をかけて一度に引き抜く
× (underlined)	筋編み	前段の目の向う側鎖半目をすくって細編みを編む ※長編み ┃ の場合も同じ要領で編む

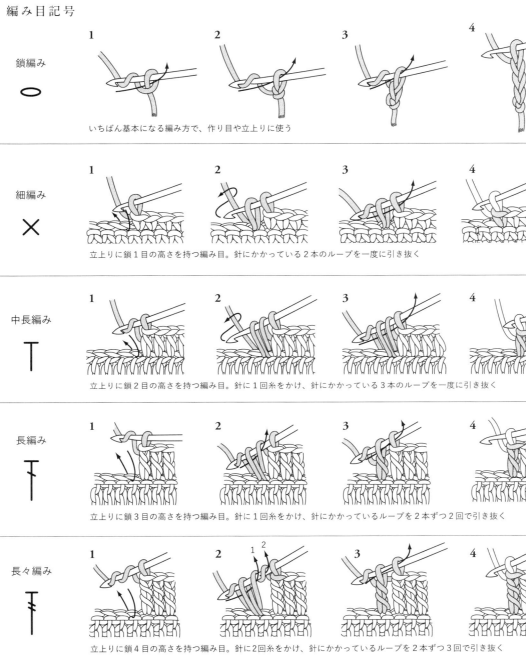
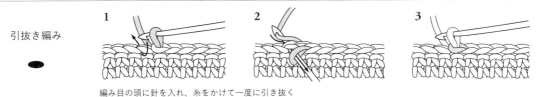
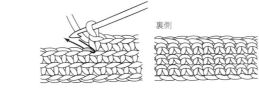

バック細編み	1 	2 	3 	4 	5

編終りの1目手前の細編みに針を入れ、細編みを編む。前段を戻りながら細編みを編む

長編みの表引上げ編み	1 	2	3 	根もとがついている場合 前段の1目に全部の目を編み入れる 根もとがついていない場合 前段が鎖編みのとき、鎖編みごとすくって編む。束にすくうという

前段の柱を手前側からすくい、長めに糸を引き出して長編みと同じ要領で編む
※細編みの場合 ✕、長々編みの場合も同じ要領で編む

長編みの裏引上げ編み	1 	2	3 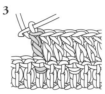

前段の柱を裏側からすくい、長めに糸を引き出して長編みと同じ要領で編む
※細編みの場合 ✕、長々編みの場合も同じ要領で編む

細編み 2目編み入れる	1 	2	3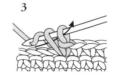	4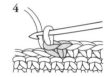

前段の1目に細編みを2目編み入れ、1目増す
※ は細編みを3目編み入れる

長編み 2目編み入れる	1 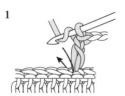	2 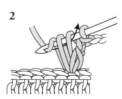	3 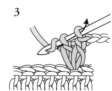	4 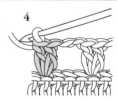

前段の1目に長編みを2目編み入れ、1目増す
※表引上げ編みの場合 や、目数が異なる場合も同じ要領で編む

細編み 2目一度	1 	2 	3 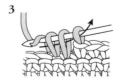	4 

糸を引き出しただけの未完成の2目を、針に糸をかけて一度に引き抜く。1目減る
※細編み3目一度の場合 も同じ要領で編む

長編み 2目一度	1 	2 	3 

未完成の長編みを2目編み、一度に引き抜いて1目減らす
※表引上げ編みの場合 や、目数が異なる場合も同じ要領で編む

中長編み3目の玉編み

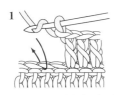 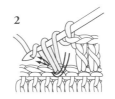  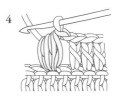

前段の1目に未完成の中長編み3目を一度に引き抜く　※目数が異なる場合も同じ要領で編む

長編み3目の玉編み

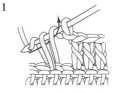 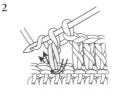 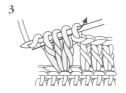 

前段の1目に未完成の長編み3目を一度に引き抜く　※長々編みや、目数が異なる場合も同じ要領で編む

引抜きはぎ

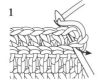 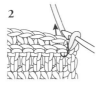 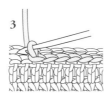

2枚の編み地を合わせ、鎖目の頭を2本ずつ拾って引抜き編みを編む

巻きかがり

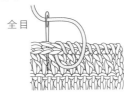 

2枚の編み地を外表に合わせて、それぞれ最終段の頭の糸を、全目の場合は2本、半目の場合は内側1本ずつに針を入れてかがる

ポンポンの作り方

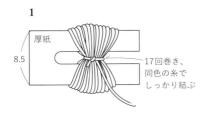  

1　厚紙 8.5　17回巻き、同色の糸でしっかり結ぶ

2　毛糸を結び目に通し、糸端でかがる　輪を切る（両側）

3　直径約8cmに形よく切りそろえ、トップにつける

タッセルの作り方

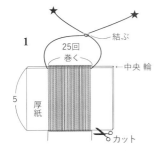 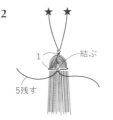 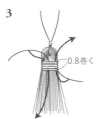 

1　25回巻く　中央 輪　厚紙 5　結ぶ　カット
5cm幅の厚紙に糸を25回巻きつけ、10cmの別糸で中央の輪部分をしっかり結ぶ。片側の輪をカットする

2　結ぶ　5残す　1
結び目で二つに折り60cmの別糸で1cm下を結ぶ

3　0.8巻く
長く残した糸で5回ほど巻き、糸端を巻いた部分に矢印のようにとじ針で通して中に入れる

4　3
上側の糸端をぎりぎりでカットし、下側の糸端は3cmに切りそろえる

ふわもこミトン

see page 4

糸 ハマナカ ソノモノ アルパカブークレ（40g玉巻き）ベージュ（152）40g、ハマナカ ソノモノ アルパカウール《並太》（40g玉巻き）ベージュ（62）20g
用具 6号、7号4本棒針
ゲージ メリヤス編み　17目28.5段が10cm四方
　　　　 模様編み　31目32段が10cm四方
サイズ てのひら回り20cm　長さ23cm

編み方 糸は1本どりで、指定の糸で編みます。
6号針で指に糸をかける方法で50目作り目して輪にし、模様編みを18段編みます。7号針に替えて34目に減らし、メリヤス編みを編みながら、指定の位置で目を増し、親指のまちを15段編みます。親指のまちを休み目にし、指定の位置で目を増して甲とてのひらを続けてメリヤス編みで輪に編みます。指先を図のように減らし、残った10目に糸を通して絞ります。休めておいた親指のまちから目を拾い、親指をメリヤス編みで輪に編み、編終りは糸を通して絞ります。

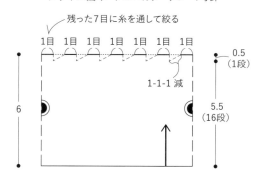

親指
メリヤス編み　アルパカブークレ　7号針

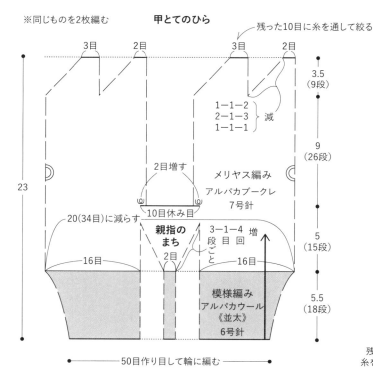

※同じものを2枚編む
甲とてのひら

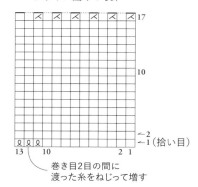

親指
メリヤス編み　7号針

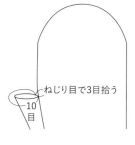

親指の目の拾い方

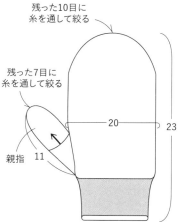

甲とてのひら

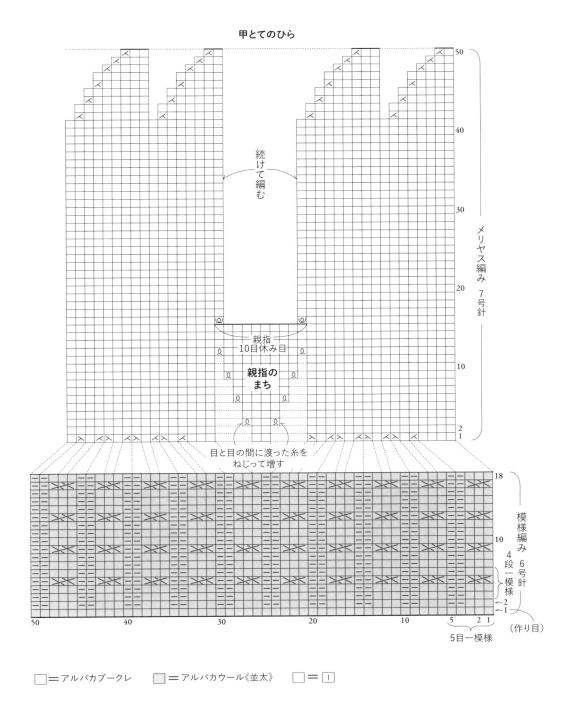

□ = アルパカブークレ　■ = アルパカウール《並太》　□ = [1]

ロングスヌード

see page 6

糸 ハマナカ ソノモノ アルパカウール《中細》（40g 玉巻き）
グレー（175）150g
用 具 4/0号かぎ針
ゲージ 模様編み　40目3.5模様が10cm四方
サイズ 首回り120cm　丈27cm

編み方 糸は1本どりで編みます。
鎖104目作り目して、模様編みで編み、編終りは作り目に模様が
続くようにつなぎながら編みます。上下に縁編みを1段編みます。

180段めの編み方

←4

←2
←1
←180

● ＝作り目の残り半目
に引き抜く

--- ＝針から糸を外し、
作り目の鎖に
束に針を入れて
外した目を引き出す

--- と同様にして引き出す

＝糸を切る
＝糸をつける

縁編み

模様編み

一模様

鎖104目作り目

編始め

←180
←177

6目一模様

←8

←5

←2
←1

4段一模様

縁編み

縁編み 縁編み

模様編み

120
（135模様）
拾う

120
（180段）

26（17模様）

26（鎖104目）作り目
0.5
（1段）
0.5
（1段）

50

丸ヨーク風ネックウォーマー

see page 8

糸 ハマナカ ソノモノ アルパカリリー（40g玉巻き）
オフホワイト（111）35g、ブラウン（113）70g
用具 6号、7号、8号4本棒針
ゲージ メリヤス編みの編込み模様
20目24段が10cm四方
サイズ 丈30cm 裾回り116cm

編み方 糸は1本どりで、指定の配色で編みます。
指に糸をかける方法で112目作り目して輪にし、2目ゴム編みを7号針で24段、6号針で22段編みます。8号針に替えてメリヤス編みの編込み模様で目を増しながら33段編み、続けて1目ゴム編みを2段編みます。編終りは伏止めにします。

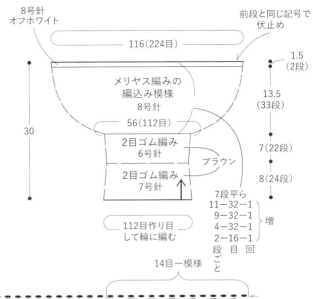

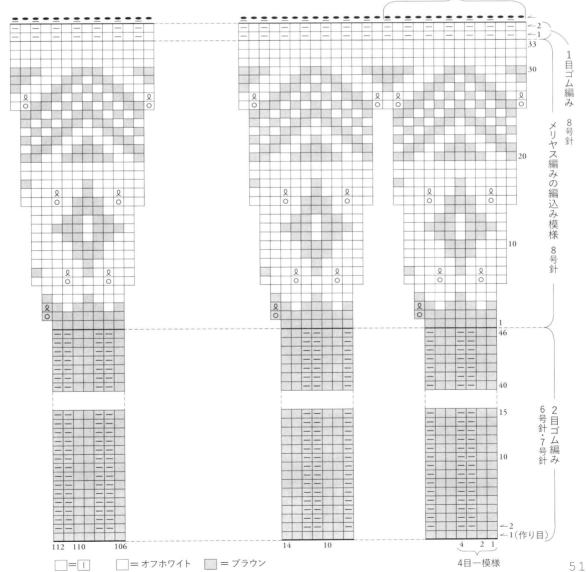

□=☐ □=オフホワイト ▨=ブラウン

ジグザグのつけ衿

see page 9

- 糸　ハマナカ ソノモノ アルパカウール《並太》(40g 玉巻き) オフホワイト (61) 35g
- 用具　7号2本棒針　4/0号、7/0号かぎ針
- ゲージ　模様編み　8段が8cm
- サイズ　丈9.5cm　裾回り70cm

編み方　糸は1本どりで編みます。
指に糸をかける方法で18目作り目し、増減しながら模様編みで編み、7/0号針で伏止めにします。作り目に引抜き編みを7/0号針で編みます。ひもを4/0号針で編み、衿にとじつけます。

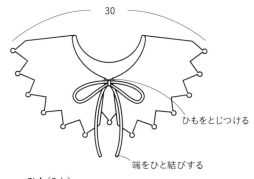

ひも(2本)
4/0号針

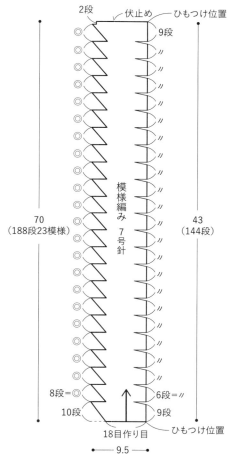

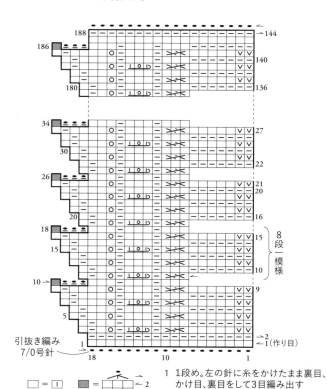

1 1段め。左の針に糸をかけたまま裏目、かけ目、裏目をして3目編み出す
2 2段め。表に返して表目3目を編む
3 伏止めの段。裏から左上3目一度(裏目)を編み、伏止め

引返し編み　かけ目やすべり目をせずに引き返します。

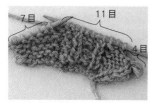

1 10段め(裏)。4目伏せ目をし、その後11目編む。7目編み残す。

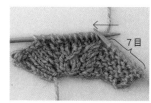

2 11段め(表)。ここで折り返し、右の針を使って次の段を記号図のとおりに編む。

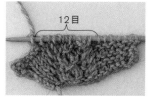

3 11段めを編んだところ。

4 12段め(裏)。端まで記号図のとおりに編む。8段ごとに同じ要領で引返し編みを編む。

リバーシブルの円座

see page 14

糸 ハマナカ ソノモノ《超極太》（40g玉巻き）ブラウン（13）180g、ベージュ（12）160g
用具 10/0号かぎ針
ゲージ 模様編み　7段が10cm
サイズ 直径40cm

編み方　糸は1本どりで、指定の配色で編みます。
ベージュで輪の作り目をし、模様編みで増しながら13段まで編みます。ブラウンで同じものをもう1枚編みます。
ブラウンの表の上にベージュの表を上にして重ね、最終段の頭をそれぞれ拾いながら縁編みを2段編みます。

目数と増し方

	段数	目数	増し方
縁編み	2	160目	16目減らす
	1	176目	増減なし
	13	176目	
	12	176目	32目増す
	11	144目	毎段16目増す
	10	128目	
	9	112目	
	8	96目	
	7	80目	増減なし
	6	80目	16目増す
	5	64目	増減なし
	4	64目	毎段16目増す
	3	48目	
	2	32目	
	1	16目編み入れる	

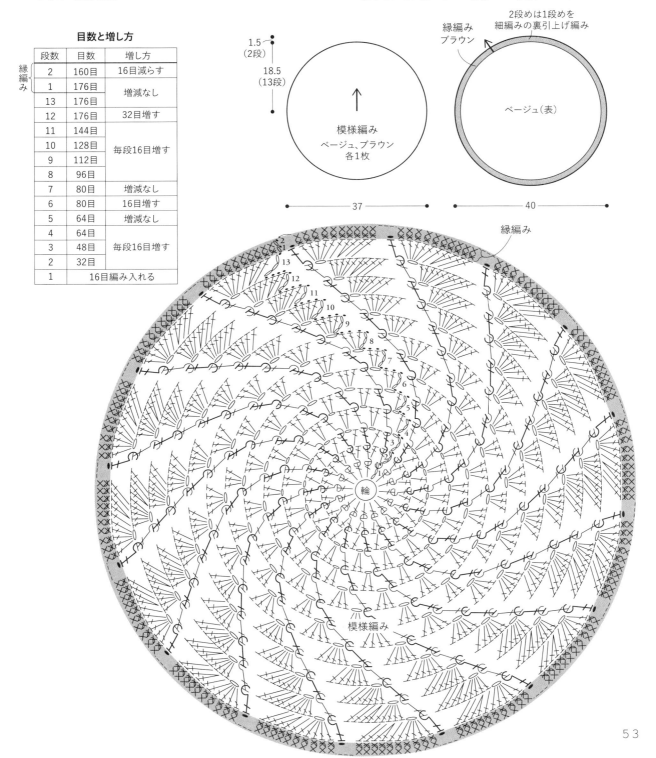

Tストラップのルームシューズ

see page 10

- 糸　ハマナカ ソノモノ《超極太》(40g玉巻き) M ベージュ(12) 100g　L ブラウン(13) 120g
- その他　ハマナカ 室内ばき用フェルト底
  M (H204-594)　L (H204-630) 1組み
  スナップ(直径1.2cm) 各2組み
- 用具　6/0号、10/0号かぎ針
- ゲージ　細編み 23目25段が10cm四方
- サイズ　M 23cm　L 24.5cm

編み方　糸は1本どりで編みます。
6/0号針でフェルト底に細編みを1段輪に編みつけます。10/0号針で側面右1はM鎖5目、L鎖6目作り目し、19段まで細編みで編み、目を休めます。甲中央2は鎖2目作り目し、9段まで細編みで編みます。側面左3は1の作り目の残りの鎖から拾い目し、細編みで19段編みます。続けてつま先の1段目を1、2の目を拾いながらMは13段、Lは14段編みます。履き口に縁編みを編みます。甲中央を内側に折って縫いとめ、ストラップ通しを作ります。底側に縁編みを編み、2段目で底と側面を外表に合わせ、引抜きはぎでつなぎます。同じものをもう1枚編みます。指定の位置にストラップを編み、スナップをつけます。

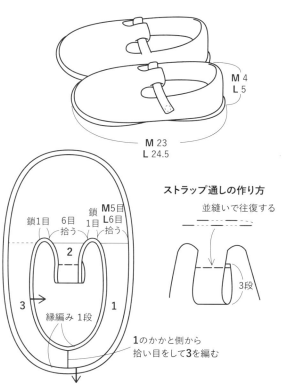

フェルト底に細編みを編みつける　底は外側になるほうを見て編みます。

1　フェルト底の指定の位置に針を入れる。

2　糸をかけて引き出す。

3　もう一度糸をかけ、ループから引き出す。

4　引き締める。立上りの鎖目が編めた。

5　同じ穴にもう一度針を入れ、細編みを編む。

6　編んだところ。隣の穴に移り、細編みを編む。

7　同じ要領で穴に細編みを編みつける。

8　1周編んだら、終りは編始めの位置に引き抜く。

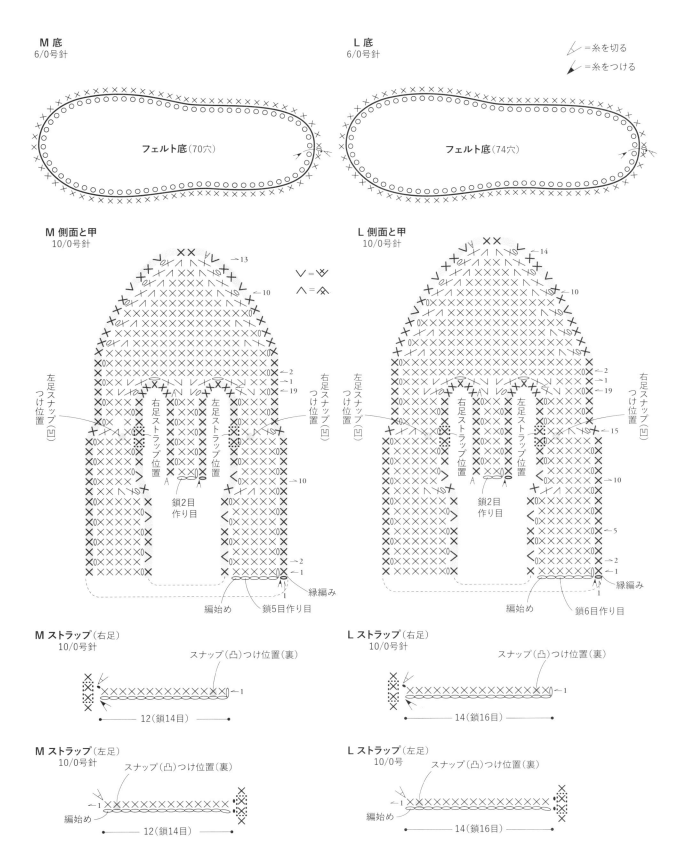

モチーフつなぎのバッグ
see page 12

糸 S ハマナカ ソノモノ《合太》(40g 玉巻き) ブラウン (3) 60g、杢ブラウン (5) 35g　L ハマナカ ソノモノ グラン (50g 玉巻き) ブラウン (163) 365g、ベージュ (162) 215g

用具 S 4/0号かぎ針　L 7mmかぎ針

ゲージ モチーフA　S 6×6cm　L 12.5×12.5cm

サイズ S 深さ19cm　幅27cm　L 深さ39cm　幅54cm

編み方　糸は1本どりで、指定の配色で編みます。
モチーフA・Bは輪の作り目をし、4段めまで編みます。指定の枚数を編み、配置図のようにブラウンで半目の巻きかがりでつなぎます。持ち手の鎖を編みます。入れ口と持ち手を細編みとバック細編みで編みます。

モチーフA

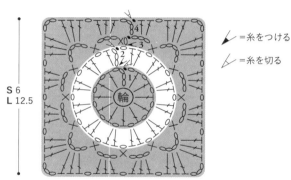

段数	a 12枚	b 12枚
3、4	S ブラウン　L ブラウン	S 杢ブラウン　L ベージュ
2	S 杢ブラウン　L ベージュ	S ブラウン　L ブラウン
1	S ブラウン　L ブラウン	S 杢ブラウン　L ベージュ

モチーフB 2枚

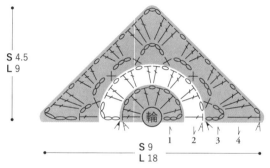

モチーフの配置図

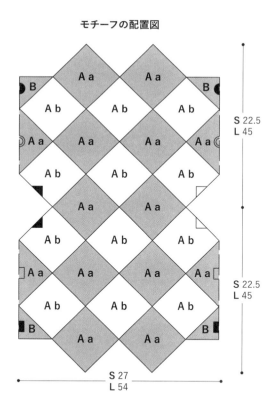

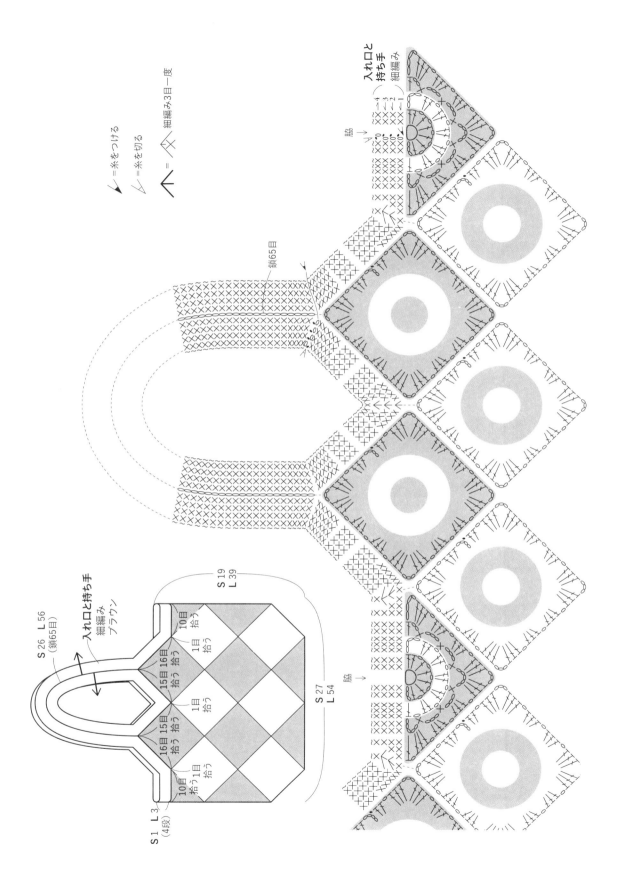

レース柄のストール

see page 16

- **糸** ハマナカ ソノモノ アルパカウール《並太》(40g玉巻き) オフホワイト(61) 360g
- **用具** 6号2本棒針
- **ゲージ** 模様編み 19.5目27.5段が10cm四方
- **サイズ** 幅37cm 長さ170.5cm

編み方 糸は1本どりで編みます。
指に糸をかける方法で71目作り目し、ガーター編みを4段編みます。模様編みを中央に、ガーター編みを左右に配置して464段編み、続けてガーター編みを3段編みます。編終りは伏止めにします。

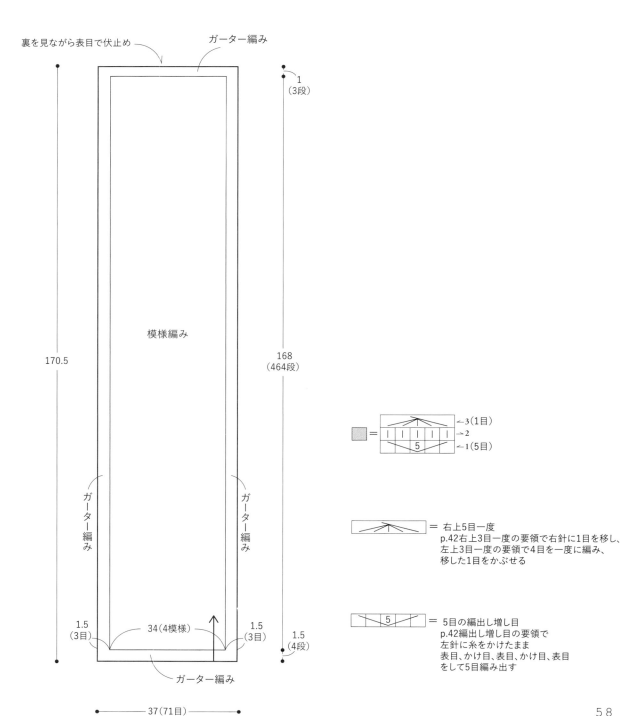

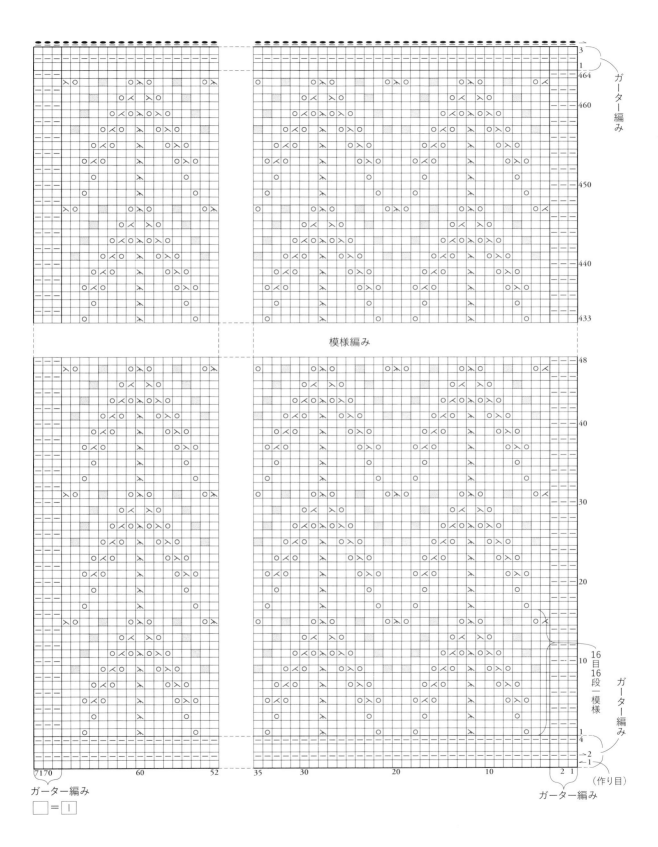

耳当てつき帽子

see page 18

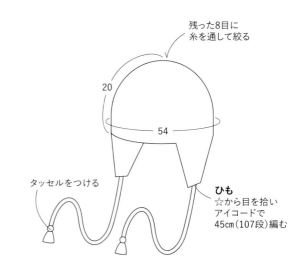

糸 ハマナカ ソノモノ ヘアリー（25g 玉巻き）ベージュ（122）30g
用具 7号4本棒針　5/0号かぎ針
ゲージ メリヤス編み　18目28段が10cm四方
サイズ 頭回り54cm　深さ20cm

編み方　糸は1本どりで編みます。
耳当ては指に糸をかける方法で8目作り目し、増し目をしながら裏メリヤス編みとガーター編みで往復して編みます。2枚めの耳当てから続けて、巻き増し目をしながら96目にし、模様編みとメリヤス編みで輪に編みます。残り8目に糸を2周通して絞ります。模様編みの●部分に5/0号針で玉編みを編みつけます。耳当ての作り目から目を拾い、ひもをアイコードで編みます。タッセルを作り、ひもにとじつけます。

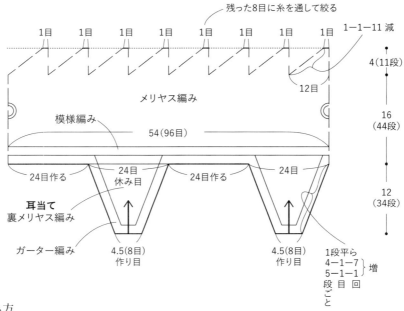

アイコードの編み方

1　コードつけ位置（☆）で指定の目数を拾う。

2　拾った目を、針の右端に寄せる。

3　編み地の裏で糸を渡し、右から表目で編む。渡した糸がゆるまないように気をつける。

4　編めたところ。

5　編んだ目を、針の右端に寄せる。裏で糸を渡し、右から表目で編む。

6　指定の長さまで繰り返す。

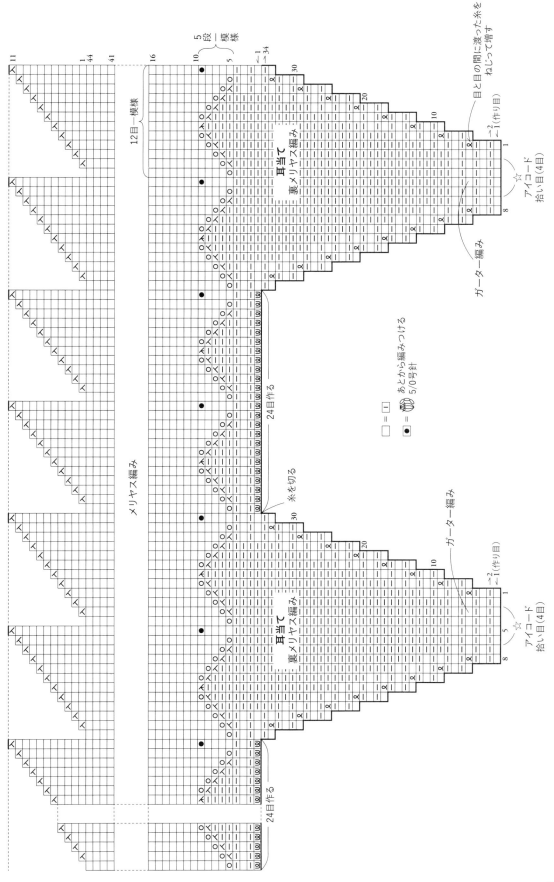

毛糸のパンツ

see page 20

糸　ハマナカ ソノモノ アルパカウール《並太》（40g玉巻き）
　　ライトグレー（64）220g
用具　4号2本棒針輪針（40cm）　5号2本棒針輪針（60cm）
その他　直径2.3cmのボタン1個
ゲージ　模様編み　20目36段が10cm四方
サイズ　ウエスト65cm　股上（前）30cm　股下8cm

編み方　糸は1本どりで編みます。
右股下は、指に糸をかける方法で112目作り目し、4号針で1目ゴム編みを往復に編みます。5号針に替え、1目ゴム編みと模様編みで編みます。続けて股上の32段を編んで休み目にします。左股下も同様に作り目し、対称に編みます。股下をそれぞれ筒状にすくいとじし、股上の前側と後ろ側を引抜きとじにします。前中央に糸をつけ、股上の休み目から輪に目を拾い、股上の続きを編みます。引返し編みをし、ウエストを1目ゴム編みで編んで1目ゴム編み止めにします。前中央にボタンをつけます。

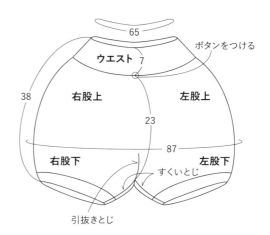

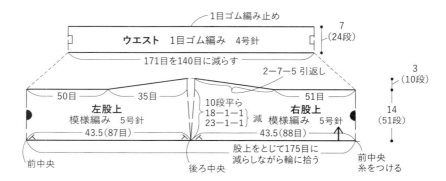

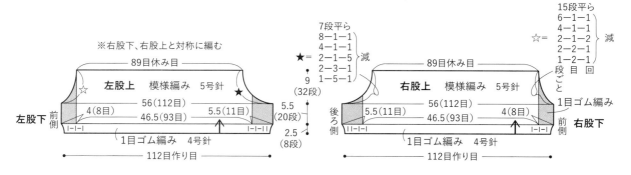

6段の引上げ編み
5段分はメリヤス編みで編み、6段めで引上げ編みを編んでから目をほどく方法。

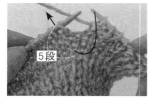

1 引上げ編みを編む位置で、5段下の目に針を入れて表目を編む。

2 編んだところ。

3 左の針から糸を外す。

4 編み地の左右をほぐして5段分の目をほどく。

右股下と右股上の編み方　5号針

※左股下と左股上は対称に編む

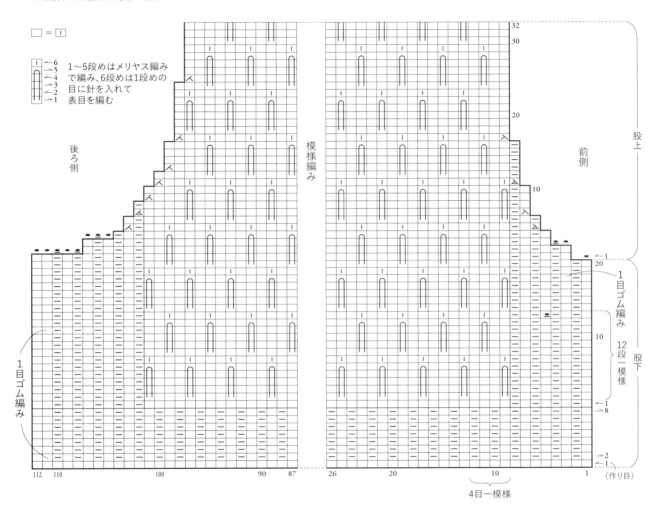

5　続けて表目で編む。

6　引上げ編みが1目編めたところ。

7　繰り返すと、模様が浮かび上がってくる。

引抜きとじ

編み地を中表に合わせ、端の目と2目めの間を1段ずつ引き抜いてとじる

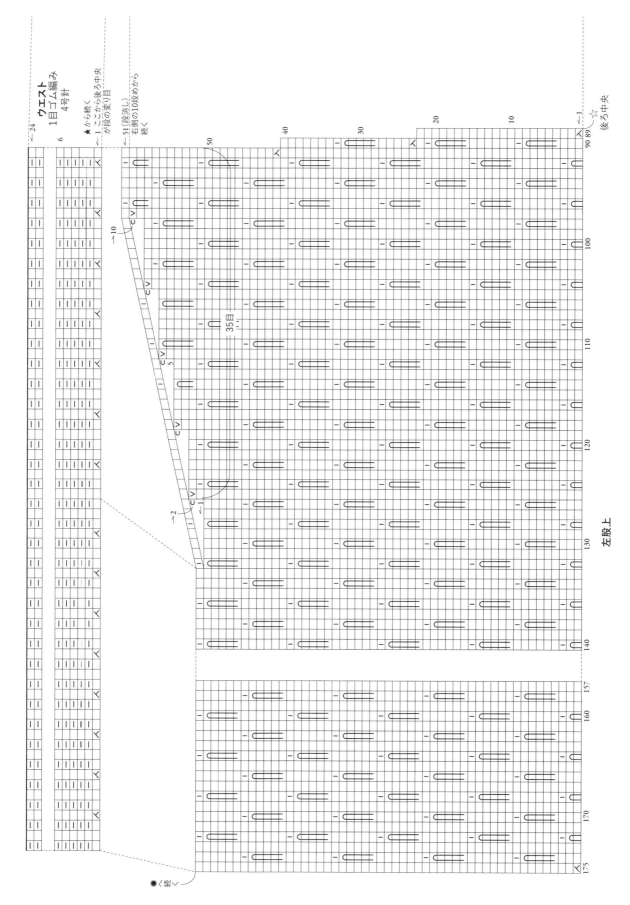

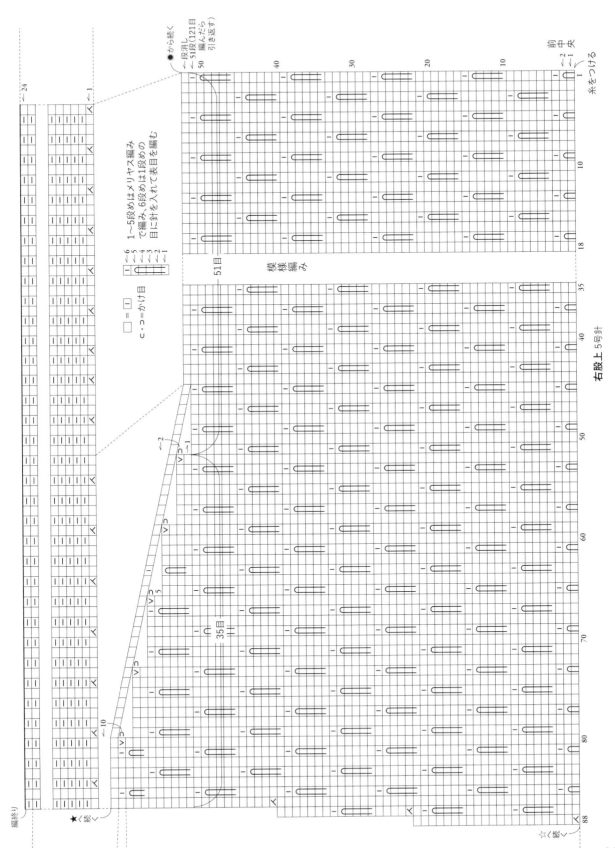

リブ編みのバラクラバ

see page 22

- **糸** ハマナカ ソノモノ アルパカウール（40g玉巻き）杢ライトグレー（48）185g
- **用具** 10号4本棒針
- **ゲージ** 2目ゴム編み 25目21段が10cm四方
  模様編み 19目23段が10cm四方
- **サイズ** 丈43cm 首回り48cm

編み方 糸は1本どりで編みます。
指に糸をかける方法で124目作り目して輪にし、2目ゴム編みを30段編んで目を休めます。ここから、左右と後ろの2つに分けて編みます。後ろは首回りから目を拾い、2目ゴム編みを68段編み、伏止めにします。左右側面はそれぞれ首回りから目を減らしながら拾い、模様編みを6段編み、右側面は目を休めます。7段めから左側面のみ模様編みを増減なく30段往復して編み、続けて目を減らしながら8段編んで、伏止めにします。右側面も同様に編みます。後ろと左右側面の記号どうしをとじます。顔回りを輪に拾い目して1目ゴム編みを編み、伏止めにします。

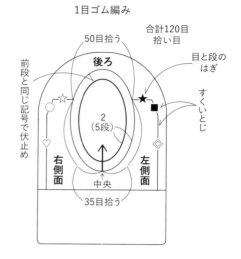

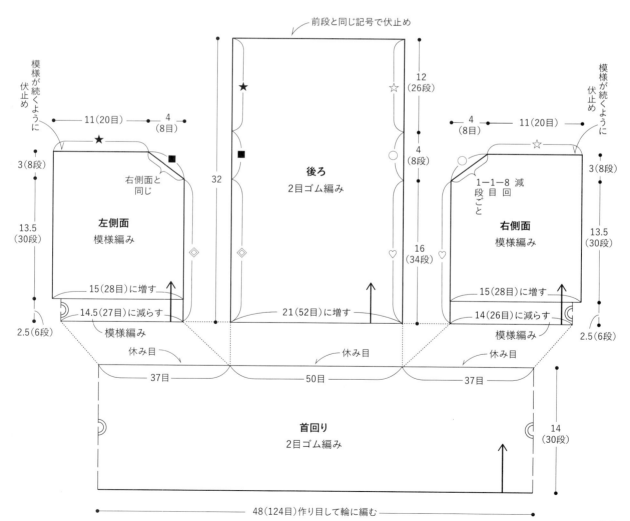

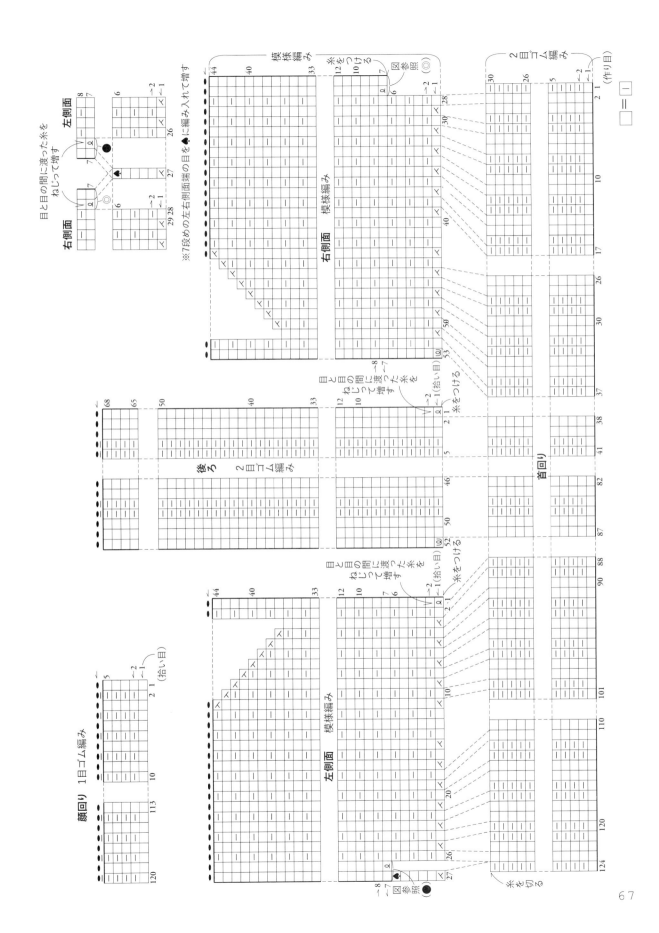

透し編みの靴下

see page 30

糸 ハマナカ ソノモノ アルパカウール《並太》(40g玉巻き) **M** オフホワイト(61) 70g **L** キャメル(571) 70g
用具 7号4本棒針
ゲージ 模様編み 22目26.5段が10cm四方
サイズ 足の大きさ **M**23cm **L**26cm

編み方 糸は1本どりで編みます。
輪の作り目で8目作り目し、つま先から増しながら甲側を模様編み、底側をメリヤス編みで編みます。甲の19目を休み目にし、かかとをメリヤス編みで往復に編みます。10段めまでを減らしながら編んだら、次の10段で減し目を拾って増しながら編みます。休めていた目を拾い、足首を模様編みで輪に編みます。編終りは伏止めにします。

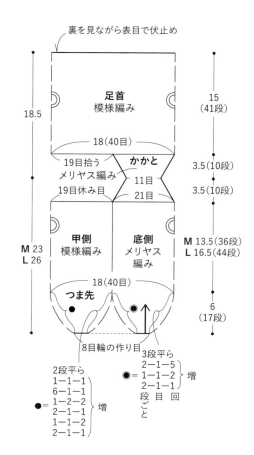

輪の作り目 棒針で始める輪の作り目。靴下の足先や、円形ストールの中心から編み出すときに使います。

1 糸を2回指に巻きつける。

2 糸を指から外して持つ。棒針を輪の中に入れる。

3 糸をかけて、引き出す。

4 1目できたところ。

5 かけ目をする。

6 2、3の要領で糸を引き出して目を作る。

7 5、6を交互に繰り返す。

8 8目できたところ。輪を引き絞る。

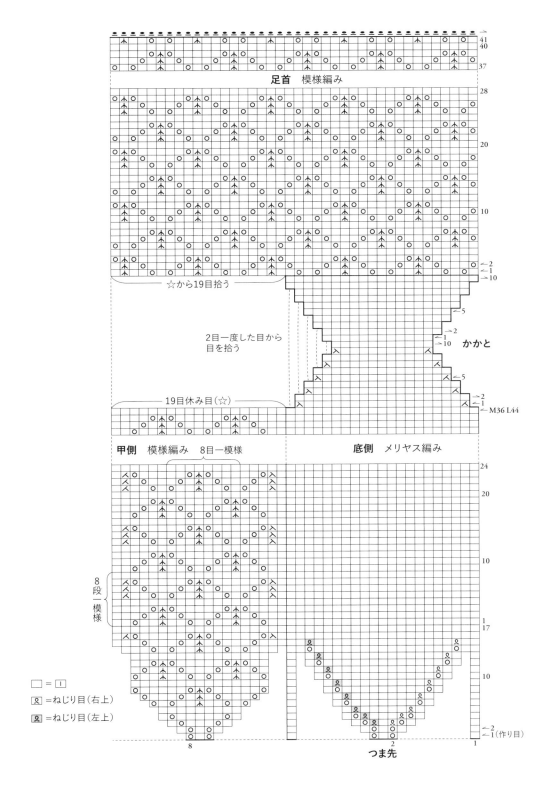

玉編みのミトン

see page 21

糸 ハマナカ ソノモノ アルパカリリー（40g玉巻き）オフホワイト（111）90g
用具 7/0号かぎ針
ゲージ 模様編み 5模様9.5段が10cm四方
サイズ 手首回り18cm 長さ22cm

編み方 糸は1本どりで編みます。
鎖40目作り目して輪にし、模様編みAで7段編みます。続けて模様編みBで編みます。指部分に鎖で穴を作りながら編みます。編終りを巻きかがりします。親指穴から目を拾い、親指を模様編みAで編みます。編終りを巻きかがりします。

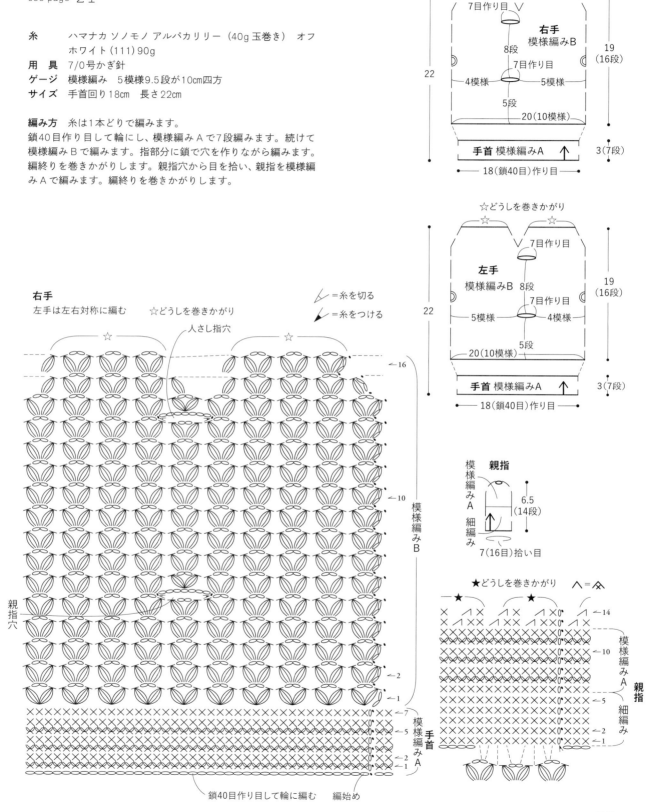

ラウンドストール

see page 24

糸 ハマナカ ソノモノ アルパカウール《並太》(40g 玉巻き)
オフホワイト(61) 225g

用具 7号2本棒針　7号輪針(100cm)

ゲージ 模様編み　20目25段が10cm四方

サイズ 裾回り193cm　丈48cm

編み方 糸は1本どりで編みます。
輪の作り目で11目作り目をし、模様編みで目を増しながら往復に編みます。続けて裾回りに縁編みを編み、編終りは伏止めにします。

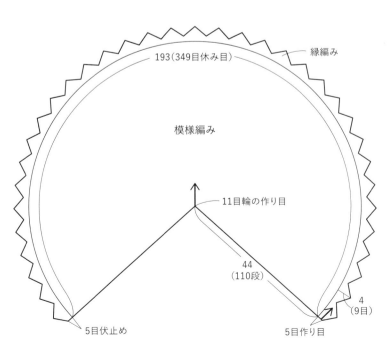

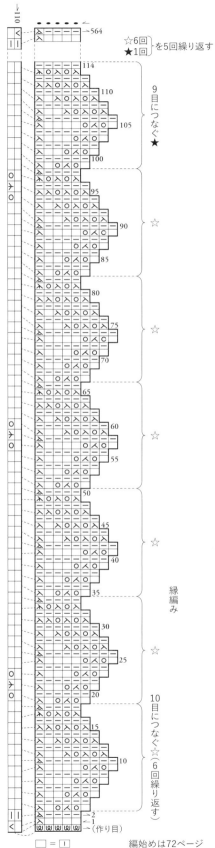

編始めは72ページ

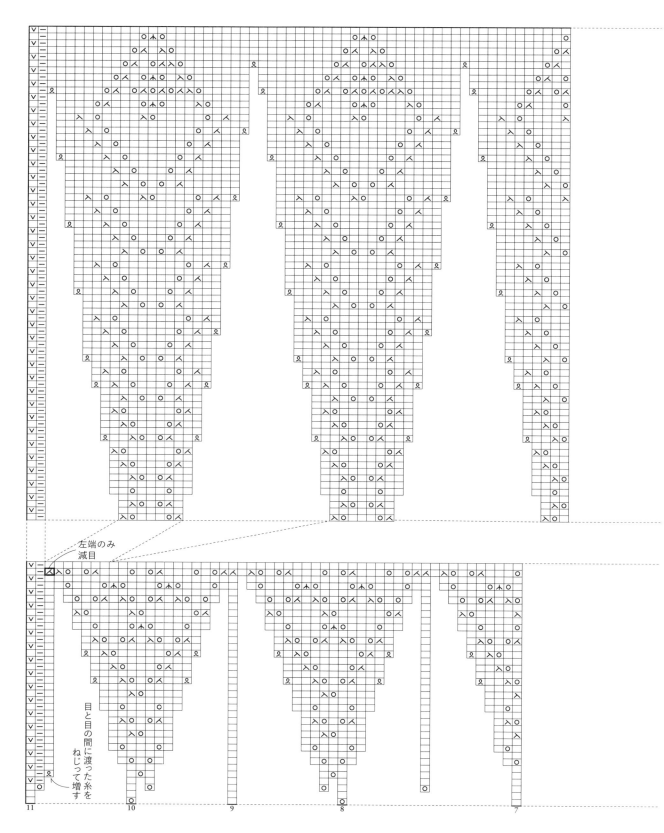

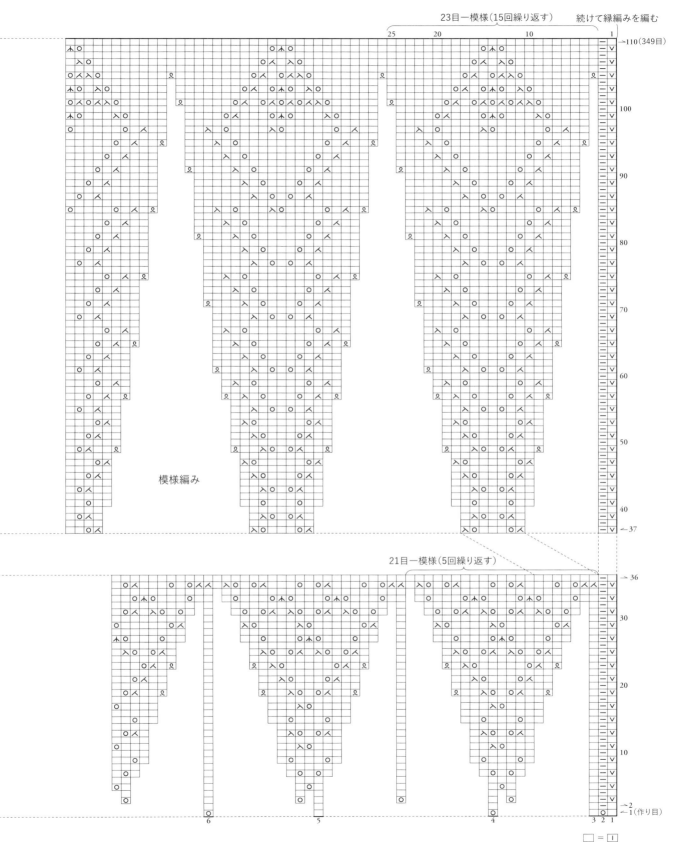

かぎ針アランのベレー
see page 26

糸 ハマナカ ソノモノ《合太》(40g 玉巻き)オフホワイト(1) 85g
用具 4/0号、5/0号かぎ針
ゲージ 模様編み 21目18段が10cm四方
サイズ 深さ19cm 直径23cm 頭回り55cm

編み方 糸は1本どりで編みます。
5/0号針で鎖150目作り目して輪にし、模様編みで編みます。図のように目を減らしながら編み、残った12目に糸を通して絞ります。4/0号針で作り目の残りの鎖から拾い目し、細編みを編みます。

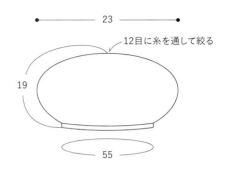

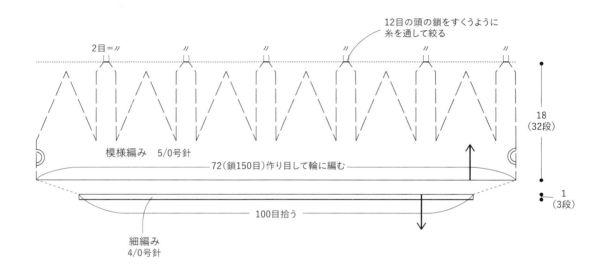

長々編みの表引上げ編み 表から目を束にすくって編みます。

1 3段め。針に2回糸をかけ、矢印の位置に針を入れ、細編みを束にすくう。

2 長々編みを編む。

3 長々編みの表引上げ編みができた。

長々編みの表引上げ編み2目交差 交差の下になる2目を先に、上になる2目を後から編みます。

1 1〜4に交差を編む。針に2回糸をかけ、2目先の細編み(3)に針を入れ、束にすくう。

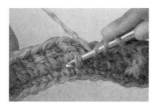
2 針を入れたところ。ここに長々編みの表引上げ編みを1目編む。

3 隣の細編み(4)を束にすくい、同様にもう1目編む。

4 2目編めた。

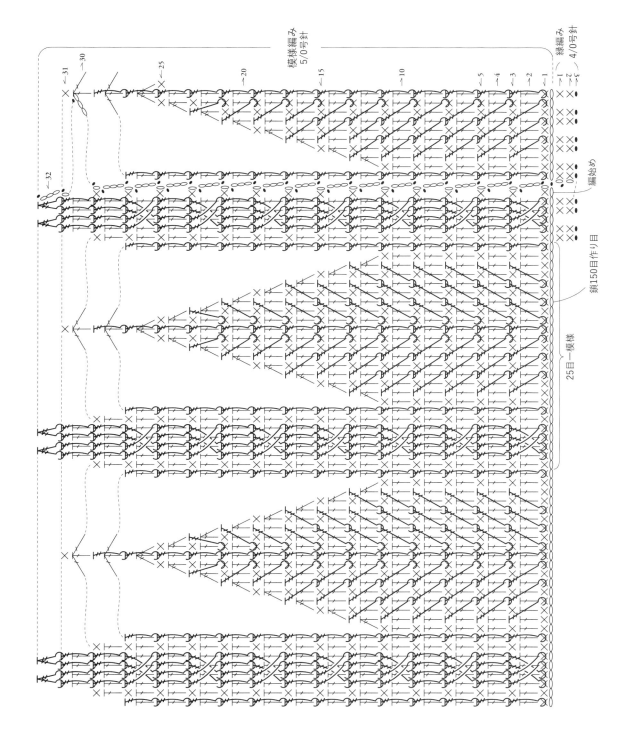

5 針に2回糸をかけ、4目戻って矢印の細編み（1）に針を入れ、細編みを束にすくい、長々編みの表引き上げ編みを編む。

6 隣の細編み（2）を束にすくい、同様にもう1目編む。

7 2目交差が編めた。

タック入りミニショール
see page 28

- **糸** ハマナカ ソノモノ アルパカウール《並太》(40g 玉巻き)
  グレー (65) 230g
- **用具** 6号2本棒針 6号輪針(80cm) 8号輪針(100cm)
- **その他** 直径1.8cmのボタン3個
- **ゲージ** メリヤス編み 19目26段が10cm四方
  模様編み 24目が12cm、28段が10cm
- **サイズ** 丈39.5cm 裾回り146cm

編み方 糸は1本どりで編みます。
指に糸をかける方法で276目作り目し、8号針でかのこ編みを編み、目を減らしながら、メリヤス編みと模様編みで編みます。衿ぐりはタックを4か所たたみながら拾い、6号針でかのこ編みを編み、伏止めします。前立ては、前端と衿ぐりから目を拾い、右前立てはボタン穴をあけながら、6号針でかのこ編みで編み伏止めします。左前立てにボタンをつけます。

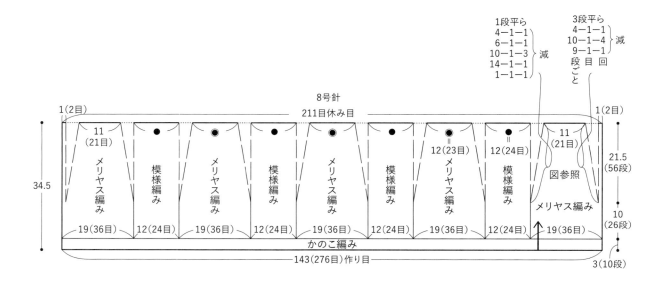

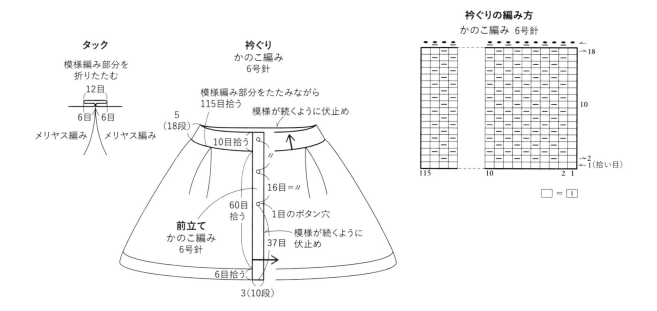

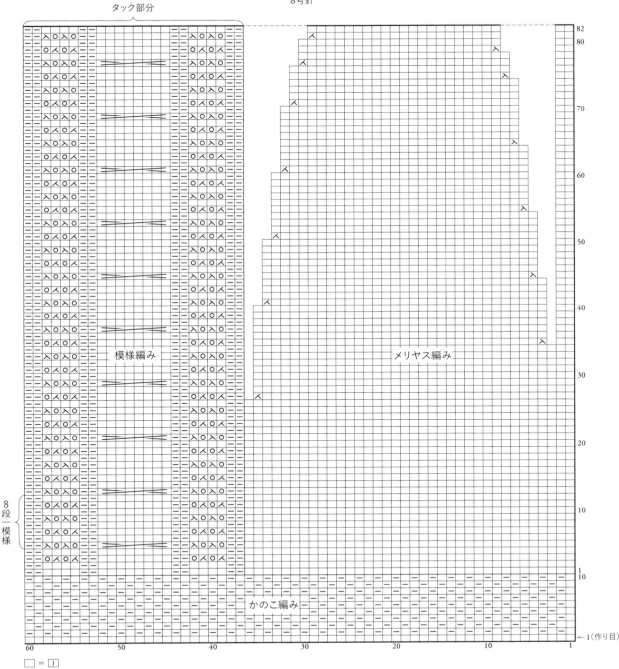

カーディガン風ストール

see page 32

糸 ハマナカ ソノモノ ロイヤルアルパカ（25g玉巻き）ライトグレー（144）215g
用具 6/0号かぎ針
ゲージ 模様編みB　21目17段が10cm四方
サイズ 幅47cm　長さ97cm

編み方 糸は1本どりで編みます。
鎖105目で作り目し、模様編みAで4段編みます。両端7目は模様編みA、中央91目は模様編みBで58段編みます。両端7目と中央41目は模様編みA、残りの左右25目は模様編みBで3段編みます。左右に分け左側を続けて編みます。右側も同様に編みます。

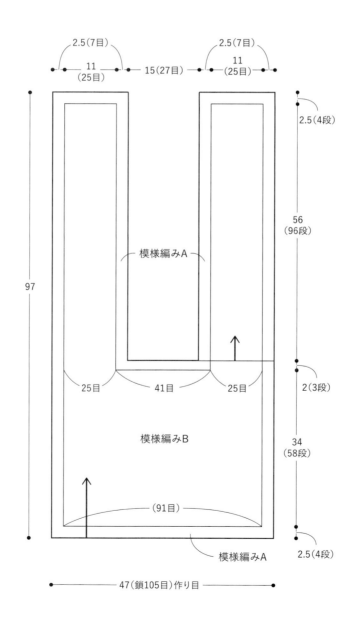

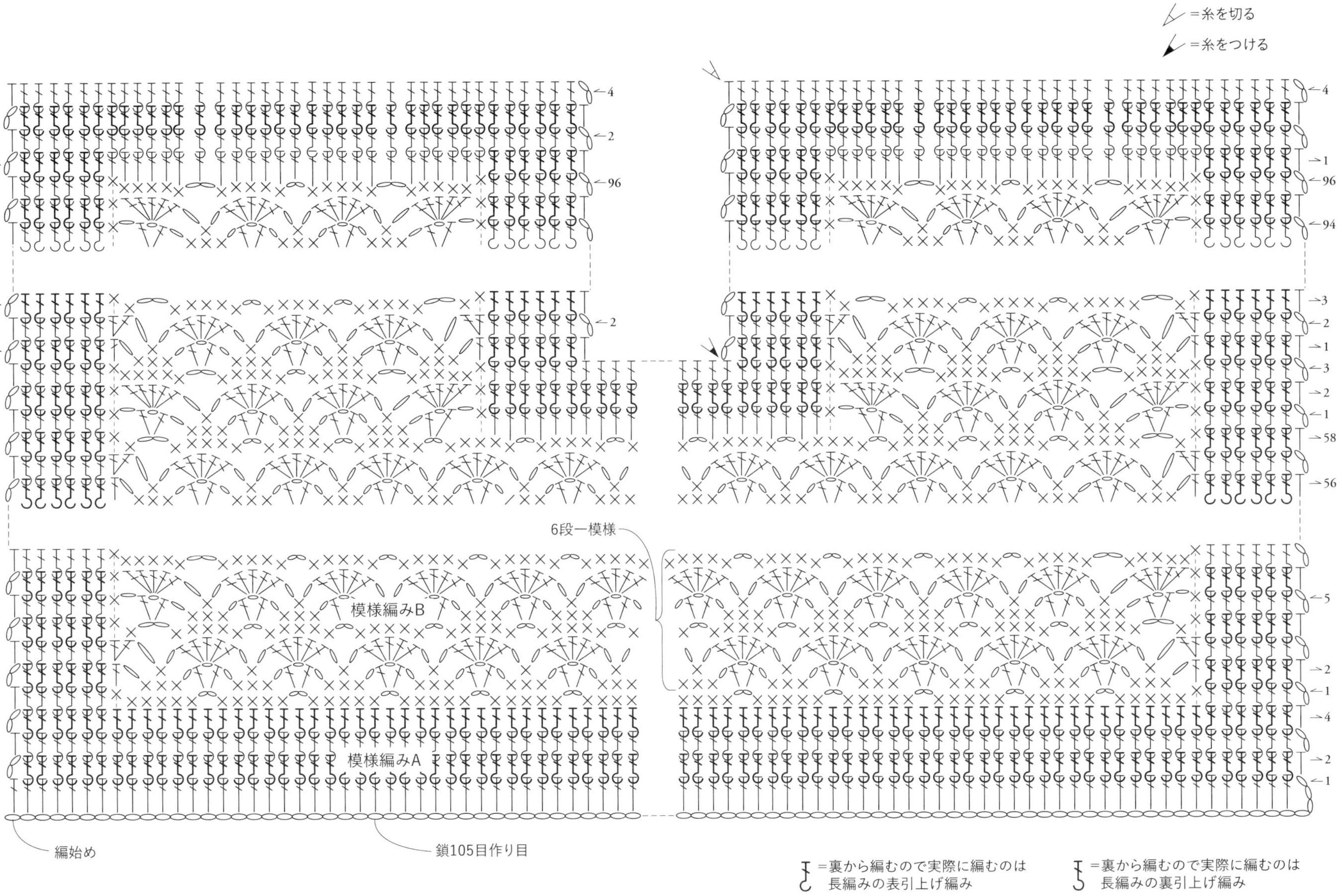

→4　→1　→96　→94

→3　→2　→1　→3　→2　→1　→58　→56

→5　→2　→1　→4　→2　→1

＝糸を切る
＝糸をつける

A

→4　→2　→96

→2

6段一模様

＝裏から編むので実際に編むのは
長編みの表引き上げ編み

＝裏から編むので実際に編むのは
長編みの裏引き上げ編み

模様編みB

模様編みA

鎖105目作り目

編始め

1

3　→2

1

79

格子柄の帽子

see page 34

- 糸　ハマナカ ソノモノ アルパカウール《並太》（40g玉巻き）オフホワイト（61）50g、キャメル（571）40g、ブラウン（63）10g
- 用具　8号4本棒針
- ゲージ　メリヤス編みの編込み模様　23目25段が10cm四方
- サイズ　頭回り48cm　深さ20.5cm

編み方　糸は1本どりで、指定の配色で編みます。
指に糸をかける方法で110目作り目して輪にし、1目ゴム編みを23段編みます。続けてメリヤス編みの編込み模様を増減なく32段編み、トップをメリヤス編みで減らしながら17段編みます。残った25目に糸を1目おきに2周通して絞ります。ポンポンを作ってトップにつけます。

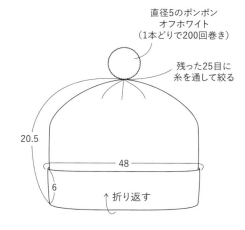

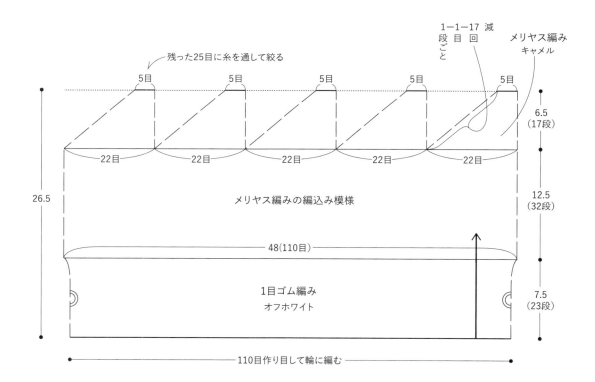

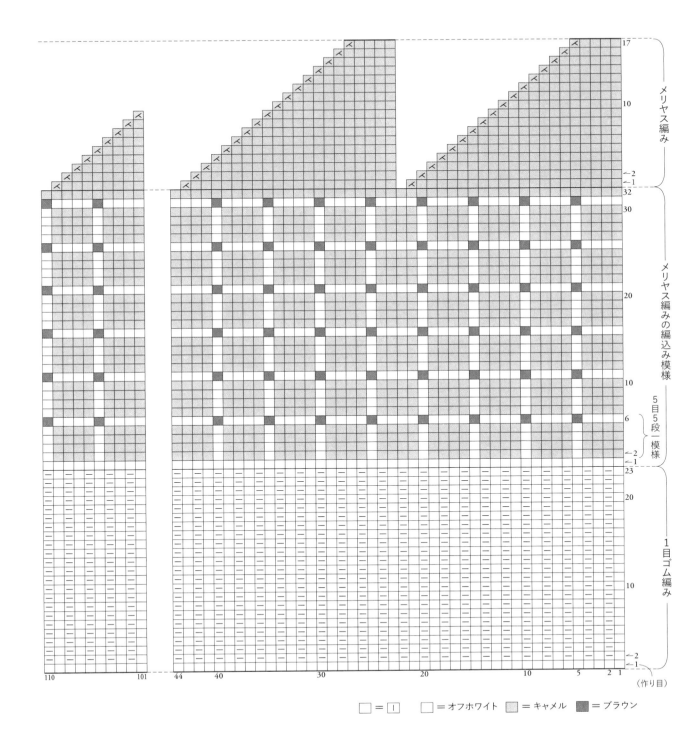

アイスランド風編込み帽子

see page 35

糸 ハマナカ ソノモノ グラン（50g玉巻き） オフホワイト（161）20g、ブラウン（163）45g、ベージュ（162）25g
用具 7mm、8mm 4本棒針
ゲージ メリヤス編みの編込み模様　11目15段が10cm四方
サイズ 頭回り51cm　深さ24cm

編み方　糸は1本どりで、指定の配色で編みます。
指に糸をかける方法で56目作り目して輪にし、7mm針で1目ゴム編みを5段編みます。8mm針に替え、メリヤス編みの編込み模様を図のように減らしながら29段編みます。残った16目に糸を1目おきに2周通して絞ります。

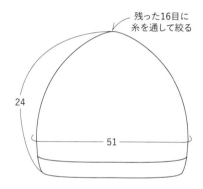

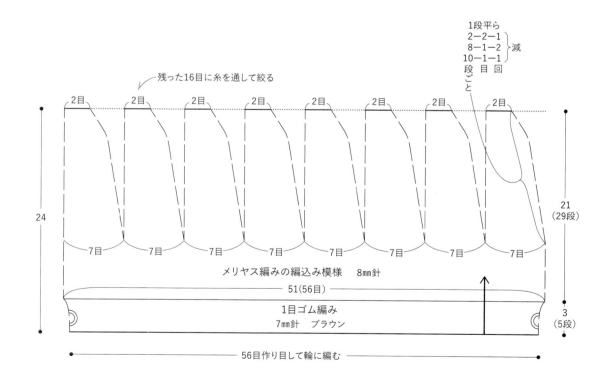

編込み模様とトップの減し方

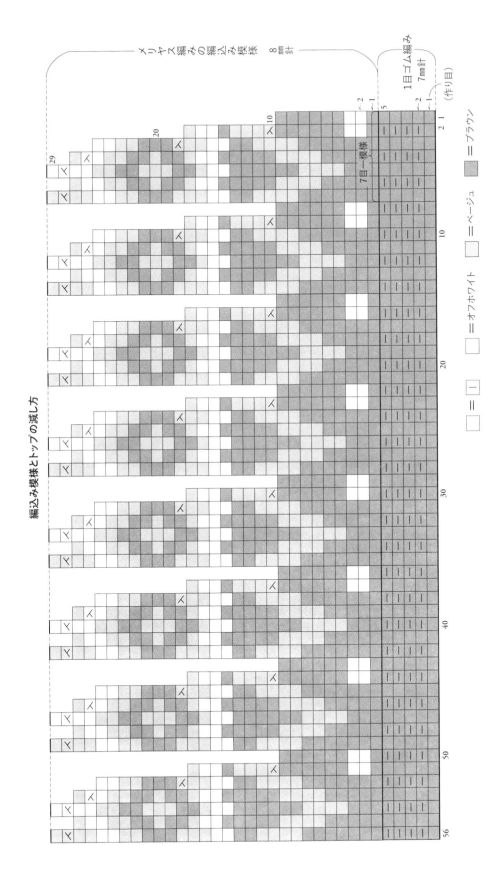

2wayミニトート

see page 36

- 糸　ハマナカ ソノモノアルパカウール（40g玉巻き）オフホワイト（41）60g、ライトグレー（44）135g
- 用具　7/0号かぎ針
- その他　幅1.5cmのDカン、ナスカン各2個
- ゲージ　細編み　17目20段が10cm四方
　　　　模様編み　14.5目20段が10cm四方
- サイズ　幅26cm　深さ14cm　まち11cm

編み方　糸は1本どりで、指定の配色で編みます。
底は鎖28目を作り目し、模様編みで輪に編みます。続けて側面を模様編みで6段めまで輪に編みます。糸玉を指定のとおりに分けてから、模様編みと細編みで編みます。グレー②、④から続けて持ち手を模様編みで編み、編終りを側面の指定の位置に巻きかがりします。ショルダーひもはナスカンに細編みを編みつけ、模様編みで編みます。編終りはナスカンを一緒に編みくるみます。Dカンを側面につけます。

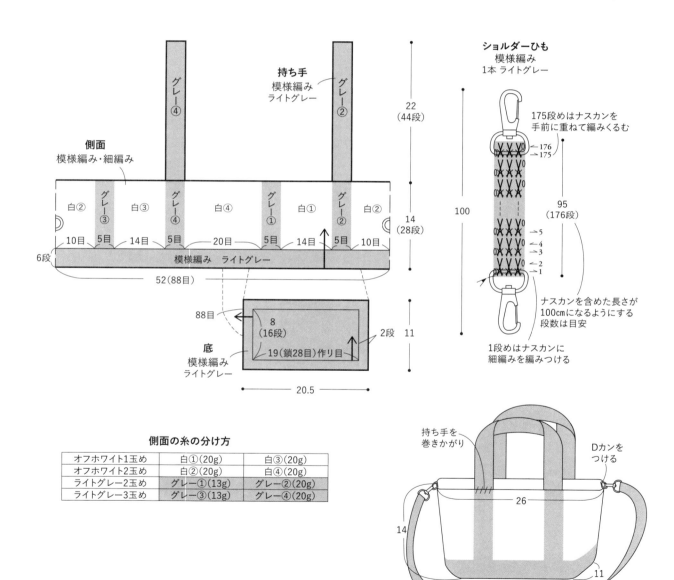

側面の糸の分け方

オフホワイト1玉め	白①（20g）	白③（20g）
オフホワイト2玉め	白②（20g）	白④（20g）
ライトグレー2玉め	グレー①（13g）	グレー②（20g）
ライトグレー3玉め	グレー③（13g）	グレー④（20g）

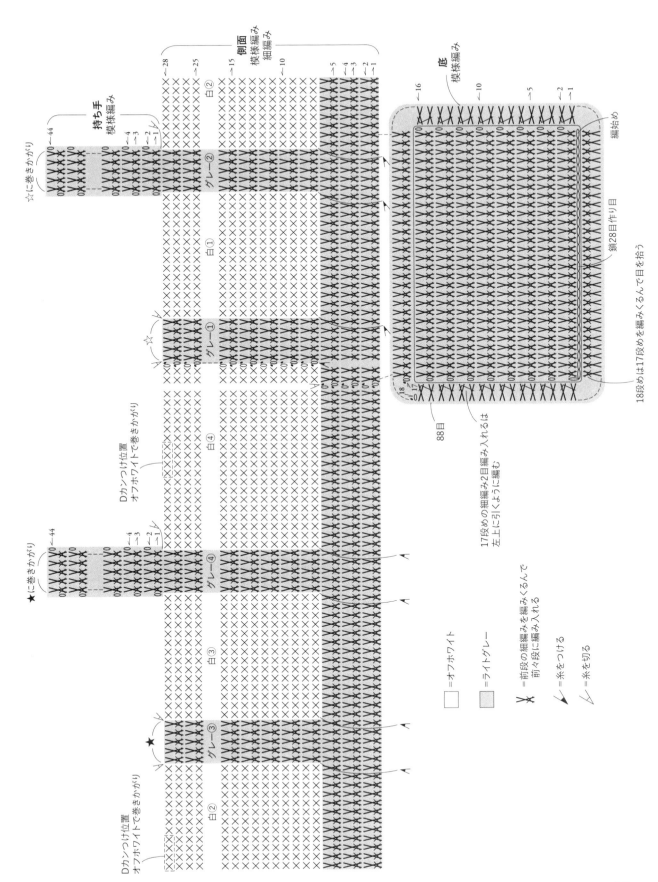

ルームブーツ

see page 38

糸	ハマナカ ソノモノ アルパカウール(40g玉巻き) M杢ベージュ（46）110g　Lグレー（45）130g
用具	6/0号、7/0号かぎ針
その他	ハマナカ室内ばき用フェルト底　M（H204-594）　L（H204-630）1組み
ゲージ	長編み 16目10段が10cm四方
サイズ	M23cm　高さ8.5cm　L24.5cm　高さ8.5cm

編み方　糸は1本どりで編みます。
側面は7/0号針でフェルト底に細編みを編みつけ、続けて長編みで2段輪に編みます。かかとは目を拾って長編みを2段往復に編みます。甲はつま先の側面から拾い目して、模様編みを17段編みます。合い印どうしを巻きかがりします。足首は甲とかかとから目を拾い、7/0号針で長編みを5段、6/0号針に替えて長編みを4段輪に編みます。足首を内側に折り、足首の1段めに巻きかがりします。

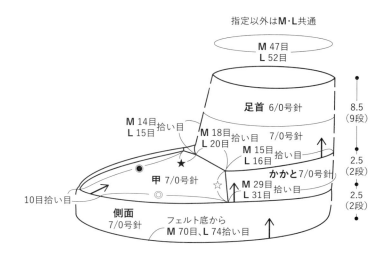

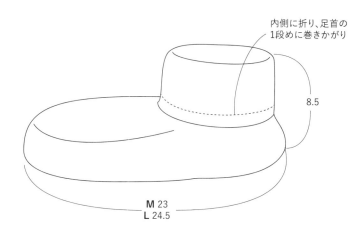

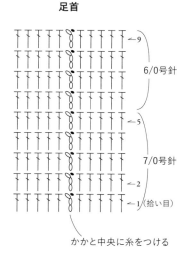

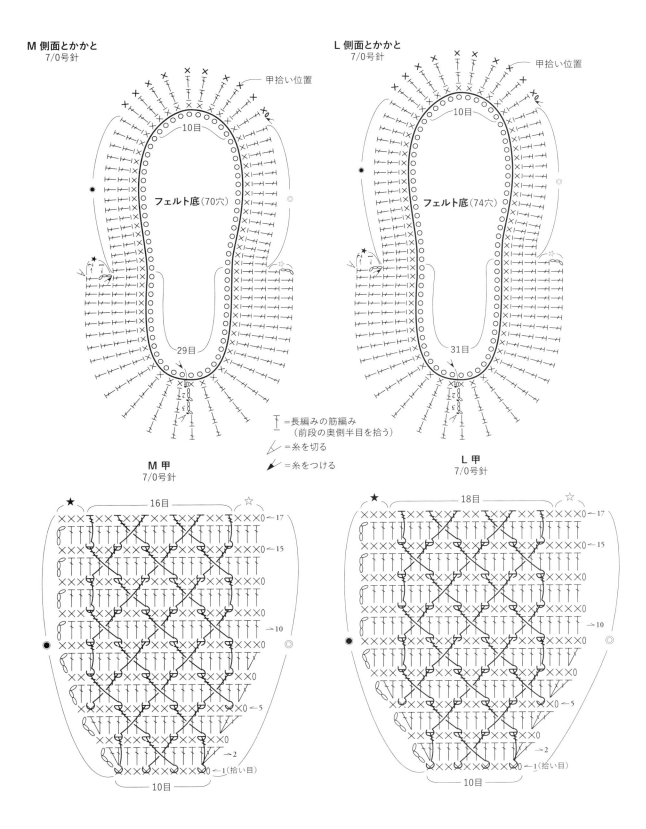

天然の色を編む

ソノモノコモノ

文化出版局 編

2024年9月8日　第1刷発行

発行者｜清木孝悦
発行所｜学校法人文化学園 文化出版局
〒151-8524
東京都渋谷区代々木 3-22-1
TEL. 03-3299-2487 (編集)
TEL. 03-3299-2540 (営業)
印刷・製本所｜株式会社文化カラー印刷

© 学校法人文化学園 文化出版局 2024　Printed in Japan
本書の写真、カット及び内容の無断転載を禁じます。

・本書のコピー、スキャン、デジタル化等の無断複製は著作権法上での例外を
除き、禁じられています。
・本書を代行業者等の第三者に依頼してスキャンやデジタル化することは、たと
え個人や家庭内での利用でも著作権法違反になります。
・本書で紹介した作品の全部または一部を商品化、複製頒布、及びコンクール
などの応募作品として出品することは禁じられています。
・撮影状況や印刷により、作品の色は実物と多少異なる場合があります。ご了
承ください。

文化出版局のホームページ
https://books.bunka.ac.jp/

本書のカバー、p.5、10、15、18、27 で着用しているニッ
トウェアは『天然の色を編む ソノモノオオモノ』(文化出
版局刊) に掲載されています。

Designers

青木恵理子　池上舞　今村曜子　風工房　金子祥子
河合真弓　川路ゆみこ　サイチカ　佐藤文子　しずく堂
橋本真由子　舩越智美　松本恵衣子　山下ひとなつ　blanco
Knitting RayRay　marshell

Staff

ブックデザイン｜山本祐衣
撮影｜清水奈緒
　　　｜安田如水 (p.40、52、54、60、62、63、68、74、75 文化出版局)
スタイリスト｜荻野玲子
ヘアメイク｜宇津木明子
モデル｜記虎ミア
編み方解説｜道本さやか (p.48-51、53、58-59、66-67、76-83)
　　　　　｜ミドリノクマ (p.52、54-57、60-65、68-75、84-87)
校閲｜向井雅子
編集｜小泉未来
　　　｜三角紗綾子 (文化出版局)

この本の作品はハマナカ手芸糸を使用しています。
糸については下記へお問い合わせください。
ハマナカ
http://www.hamanaka.co.jp/

撮影協力
軽井沢 キャボットコーヴ　https://cabotcove.jp
ピクチャレスク・ガーデン (軽井沢 ムーゼの森)　https://museen.org/garden

衣装協力
MAIDEN COMPANY　TEL.03-5410-9777
(p.27、28 のブレスレット／ ERICKA NICOLAS BEGAY)

YAECA APARTMENT STORE　TEL.03-5708-5586
(p.6、7、17、27 のカットソー、
p.28、29、36、37、38 のスウェット／ YAECA)

YAECA　TEL.03-6426-7107
(p.36、37 のパンツ／ YAECA CANVAS DESIGN)

YAECA HOME STORE　TEL.03-6277-1371
(p.10 のパンツ／ YAECA CONTEMPO)